Olivier Gabriel Humbert

Oratorio-libellules
Des arbres, des haïkus

SUIVI DE

*Sous le soleil
ou entre les flocons -
Loin des villes*

Oratorio-libellules
Des arbres, des haïkus

Conséquences ?

près de l'olivier
des odeurs inhabituelles -
journée du fromage

l'ombre a disparu
derrière notre maison
puis l'eucalyptus

à côté du frêne
le muguet a refleuri
dans sa bouche aussi

                    l'arbre dévêtu
            s'est pudiquement couvert
                d'un vol d'étourneaux

journée du sommeil
notre marronnier s'endort -
sa dernière feuille

                              tondre la pelouse
                         tailler la haie et les arbres
                              puis voir le coiffeur

tempête de juin
branche sur le chien pisseur -
l'arbre mort se venge

De chiens et de chats

le chien sous le chêne
a dérobé mon sandwich -
un cornichon reste

mon ficus tout sec -
mouillant mon mûrier en mai
chien dit mon oubli

au pied du grand fau
ils se battent nos déchets
les chiens faméliques

                                          près d'un peuplier
                              le père aboie sur le chien
                                      qui effraie sa fille

un nuage en forme
de chien gobe un oranger
à l'aspect de chat

                        deux nuits sans dormir -
                        au pied du chêne tauzin
                                opéra de chats

des arbres violets
un chat vert des flocons bleus -
une femme peintre

Couleurs

un papillon jaune
ne peut défaire l'automne -
bogue de châtaigne

vert devenu rouge
lave a remplacé les arbres -
aurore à minuit

sous les chênes rouges
comme un bain d'hémoglobine
quand le couchant saigne

                              il gobe un œuf dur
                    sous l'arbre à perruque rose
                         l'homme chauve en noir

un torrent de feuilles
la rivière toute jaunie -
où sont les gardons ?

                              oh le cerisier
                sans fleur pourtant déjà blanc -
                           neige dans la nuit

la branche coupée
porte un fruit à six couleurs -
rubik's cube ici ?

Tondeuses, tronçonneuses…

la branche coupée
offre toujours une pomme -
la seule de l'arbre

                                                      il est élagué -
                        le chien sous l'arbre sans ombre
                                 au début d'automne

tronçonneuse coupe
quelques branches mais surtout
le chant des oiseaux

                                      près du vieux noyer
                            une moissonneuse usée
                                          coupe le blé mûr

tondre le gazon
tailler l'herbe sous notre orme
en forme de cœur

journée des forêts -
couper le dernier des arbres
de notre jardin

tronçonneuse en panne
sursis pour les tourterelles -
partir à la pêche

Oiseaux

place du marché
les oiseaux piaillent et partent
mais les chênes restent

                                        fuis la page blanche
                              chante Noël comme un merle
                                                sous l'épicéa

quelques canaris
reflets d'arbres dans la vitre -
animalerie

                                    rouge-gorge mort
                                    pie sur le liquidambar
                                    une gorge rouge

un merle un été
en forêt de Brocéliande -
chanteur à la ronde…

                                chants d'oiseaux et arbres -
                                un pique-nique sur l'herbe
                                       aire d'autoroute

l'oie retardataire
loin au dessus des bouleaux -
des traînées d'avions

Modernité

midi en voiture -
éviter le papillon
mais non le pommier

fleurs de cerisiers
nous ne vous aurons pas vues -
années de béton

platanes en feu
sur les bords d'une rivière -
Internet la nuit

                                              gratte-ciel à gauche
                              un très jeune vergne au centre
                                          arc-en-ciel à droite

sous les feuilles rousses
un téléphone portable -
arbre solitaire

arbre abandonné
compote bio sur la route
réservée aux pneus ?

à la saint Thomas
mon pied sur un baobab -
écran de télé

Divinités et spiritualité

érable tordu
mille soleils te vénèrent -
champs de tournesols

                                    une statuette
                         la route bronzée de neige -
                                souvenir d'un bonze

le vitrail brisé -
une branche de printemps
vient voir Jésus-Christ

                                        la lumière danse
                       les branches jouent du vitrail -
                                          Bleu rouge violet

un dieu de décembre -
l'enfant ordonne au sapin
de pousser plus vite

vingt-et-un novembre
aux pieds de Sainte Thérèse
offrandes des arbres

une nuit d'été
sous l'arbre aux cloches d'argent
les douze coups sonnent

Musique

accord imparfait
vent dans les feuilles et cloches -
une tronçonneuse

                                            étang et arbustes
                                            oratorio-libellules -
                                            brusquement l'orage

panne de courant -
ma fête de la musique
vent dans les cyprès

symphonie de feuilles -
le crescendo du soliste
zéphyr dans les branches

sonate pour hêtre
et dizaines de grillons -
meuglement soudain

                              un arbre et cent arbres -
                         pourtant silence et silence
                                  dans l'orangerie

concert des grillons
sous le frêne trop de bruit -
trois coups de tonnerre

Insectes

nez envahi par
l'odeur des tilleuls en fleurs
puis par un insecte

printemps de retour
rire sans savoir pourquoi -
bourgeons et abeilles

du lit par la baie
je la vois œuvrer pour moi -
sur le buis l'abeille

matin butineur
miel de sapin sur les doigts -
une abeille vole

le papillon blanc
surpris sous le hêtre vole
entre les flocons

aller se cacher
derrière un genévrier
pour fuir les moustiques

sous les pins sylvestres
soustraites par les fourmis
Graines de pastèque

Désert, sables, mer…

grand désert de blé
en son centre une oasis -
deux cognassiers morts

                                        la mer déchaînée
                                 la tempête sur la dune -
                                     les pins immobiles

vers la plage blanche
un faux-tremble sous la neige -
fiente de mouette

                                            entre les deux pins
                                la mer de juin se reflète -
                                  ses yeux dans le vague

des millions d'insectes
ruée vers les pins des Landes -
du vent sur la dune

quatorze juillet -
quelques pins près de la plage
prennent une douche

un pin vers la dune
sardine à l'huile abîmée -
la remettre à l'eau

Petites bêtes

ondée belliqueuse -
entre deux pins maritimes
l'escargot noyé

près du chêne vert
les limaces ont séché -
jour du don du sang

vers la mi-juillet
douze heures d'orage et vent -
un arbre fendu

                              l'ombre du poirier
                    deux fois plus rapide que
                              la limace orange

réunion piquante -
un hérisson et deux bogues
Sous le châtaignier

sur la route en mars
une écrasée de grenouilles
près du restaurant

crapaud déguisé -
sur le dos et sur un œil
une feuille d'aulne

Enfants

les tilleuls en fleurs
les couettes rient et s'amusent -
un écureuil s'enfuit

haut dans le pommier
grimpé avec sa banane
l'enfant est un singe

au fond du jardin
les cris des enfants se mêlent
au vent dans les feuilles

                                        croulant sous le poids
                                      du soleil et des années -
                                            l'orme et sa cabane

il court et il saute
le garçon au pied de l'arbre -
pigeon impassible

                    un fruit est tombé
                sur la tête de la fille -
                    ô prunier farceur

fille d'août sous l'if
qui rit comme une fontaine -
et court aux toilettes

Boire et… un petit pipi

matin de juillet -
les branches du pin me fixent
dans mon bol de thé

à l'apéritif
les olives sous le chêne -
un gland mûr y tombe

la dernière larme
de saint-émilion grand cru -
Le saule pleureur

près de l'if tout sec
écouter le silence et
se désaltérer

toilettes publiques -
sur la porte matinale
la branche voyeuse

				un homme pressé
				un seul arbre déjà jaune -
				il court uriner

l'érable en bourgeons
choqué par un jeune enfant -
un pipi dans l'eau

Femme

rivière d'été -
sous le peuplier la femme
urine dans l'eau

vêtue d'un seul string
de quelques ombres de pins
elle court dans l'eau

jeune maman nue
endormie et caressée
par l'ombre du pin

                                        femme saoule et seule
                                 passe sous la lune rousse
                                            insultant le saule

des yeux allongés
couchée dans l'herbe nouvelle
sous un amandier

vieille dame glousse
Et farfouille sous un arbre -
noix entre les bouses

étrange pari -
elle court nue dans la neige
embrasser le charme

Mort

le saule pleureur
caresse les femmes tristes
de ses bras sans vie

                                                        sous la pluie d'automne
                                                         le poirier agonisant
                                                             ne peut se laver

la dernière fois
que le cerisier se donne -
dans la cheminée

                                        jour gris de janvier
                          poirier plus beau que jamais -
                                Il est mort sans feuilles

à la fin octobre
quelques feuilles sont tombées
puis lui sur la route

                        reflets d'arbres morts -
                 les bras de ma bien-aimée
                         et ses veines bleues

hurlements de chiens
glas des cloches tubulaires
dépouille du hêtre

Artistiquement

peindre un arbre mort
entre matière et couleurs
le rendre vivant

                              il sculpte pour elle
                              le bois de Sainte-Lucie
                              à la Sainte Aimée

regarder un arbre
étudier les feuilles rouges
dessiner le tronc

                                                la lune d'hiver
                           arbres et flocons de neige -
                                     tableau de musée

arbres très tortueux -
peintre en torture en juin
buveur de whiskey

rester dans le noir
éviter la page blanche -
vent dans le figuier

un peintre vorace -
début d'automne arboré
et portraits croqués

Fenêtres

un soleil d'été
un Velux et un tableau
la neige sur l'arbre

nuit d'orage d'août -
seul le vasistas m'épargne
le fouet de la branche

contre le vitrail
les jeunes feuilles violettes -
cathédrale vide

par une fenêtre
averses pour juillettistes -
par l'autre un érable

derrière les vitres
les mélèzes immobiles
le rouge-gorge : paf !!!

par mon œil-de-bœuf
une vache sur un arbre -
les reflets s'amusent

derrière la vitre
les conifères implorent
les restes d'un temple

Ruines

les ruines sans nom
loin de la ville estivale
perdues dans les bois

abbaye détruite
visite d'octogénaires -
bourgeons sur les arbres

visiter un cloître
en ombreuse compagnie -
branches de novembre

                                      dans l'usine en ruine
                                      il essaya de pousser -
                                          Jeune noyer mort

orange de rouille
délaissée dans la foret
voiture perdue

ma cabane d'enfant
toute pourrie dans le plane -
ma fille la veut

dans le cloître en ruines
il aboie au pied d'un chêne
dans le blizzard noir

Vent et nuages

brise souffle et pousse
les pétales des pruniers
en ce cimetière

le vent souffle au nord
les nuages filent au sud -
le chêne est brisé

cendres dans ses yeux
une averse de samares -
les vacances soufflent

                                  passant la forêt
                   arrivant près des hauteurs
                          montagne de nuages

haut sur la colline
la tête dans les nuages -
un arbre inconnu

sous les nuages gris
mon arbre semble doré -
merci sirocco

seule cette branche
possède encore sa feuille
à l'abri du vent

Souvenirs

divers tatouages
des thérapies face à la vie -
lichen sur les branches

dans la ville en ruine
feuilles automnales tombées -
photo bien trop grise

il est toujours là
il l'avait planté pour moi
l'arbre de grand-père

                                      feuilles de mon frêne
                         dans l'herbier de ma jeunesse -
                                          merci vieux carton

la pomme de pin
que je ne veux pas jeter -
arbre calciné

                              le lac au printemps
                              l'enfant devenu parent
                              et les mêmes pins

dans le vieux missel
quatre feuilles de noyer
d'automnes révolus

Manque d'information et oublis

retour de l'hiver
ni les bourgeons ni les fleurs
ne sont informés

                              il ne connaît pas
                   l'orme au nord de la maison
                            le pommier au sud

sapin de Noël
tu ne connaîtras pas Pâques -
le feu te dévore

                              sous l'amélanchier
               les chaises de jardin blanches
                                salies oubliées

arrivée du froid -
si les arbres se découvrent
il met son gilet

quel abricotier !
même l'hiver il boutonne -
des bourgeons de glace

petite balade :
de vignes en chênes-lièges -
Mais buveur de thé

Soleils et flocons d'arbres
6 illustrations

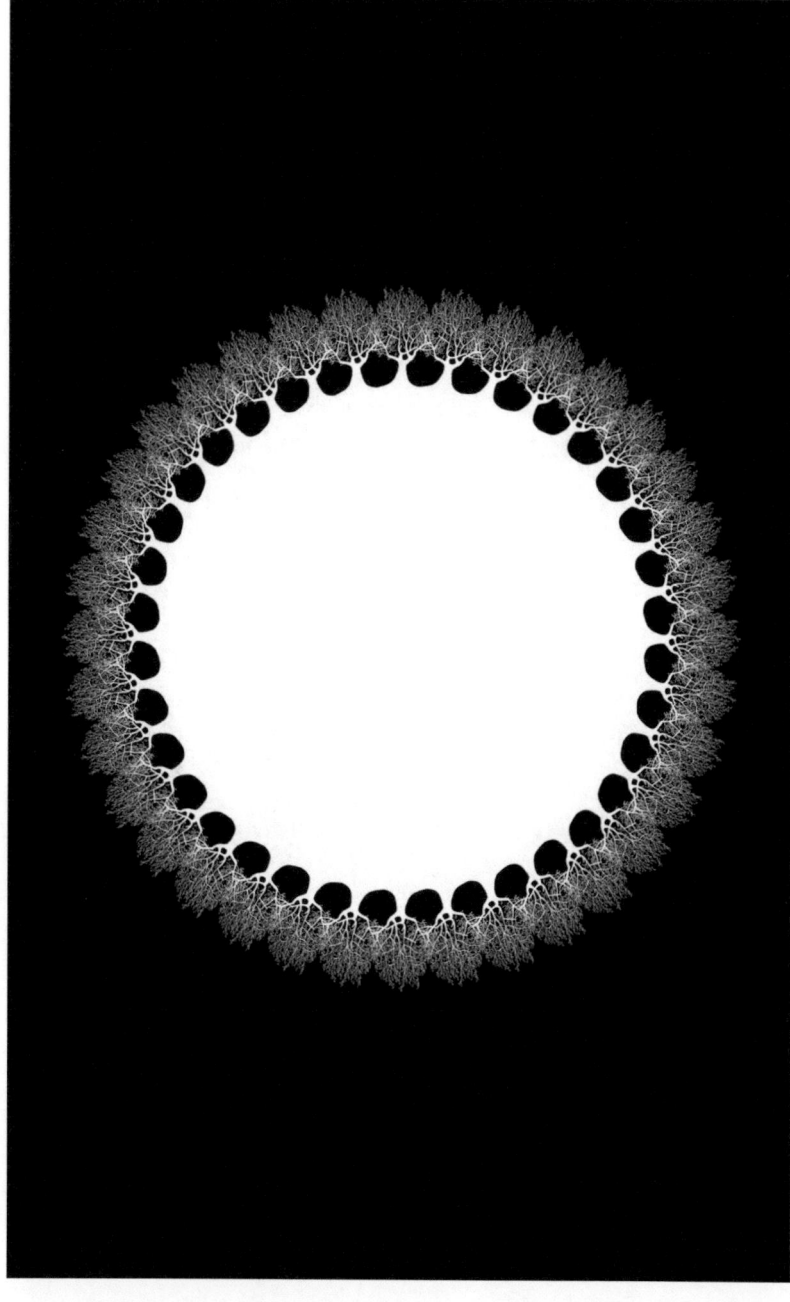

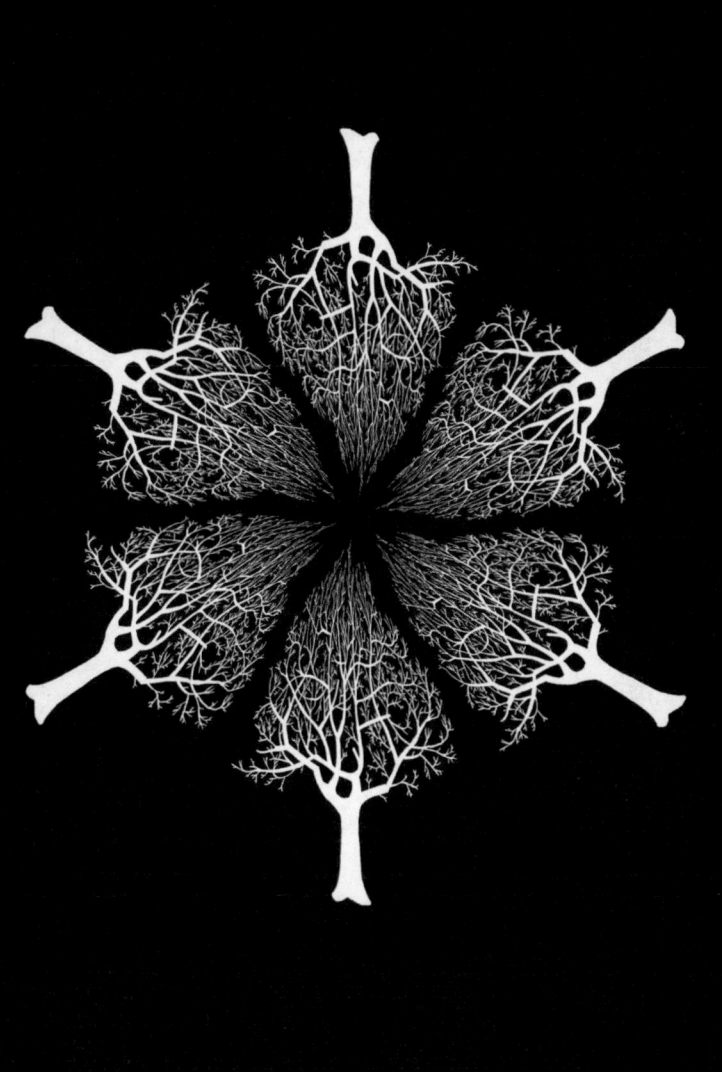

Sous le soleil ou entre les flocons : Loin des villes

Haïkus de vacances

108 nouveaux haïkus de mer, de montagne et de campagne, en hiver ou en été

La montagne en hiver

erreur de l'abeille -
la trace de ma raquette
telle une tapette

skieur maladroit -
cette étreinte avec la neige
distrait les corbeaux

le petit fondeur
passe vite sur les bosses -
une sur sa tête !

sur la piste rouge
derrière les cris d'enfants
on entend les cloches

beaucoup moins de neige,
réchauffement climatique -
Plus d'envahisseurs

il prend son envol
stalactite meurtrier
mais rate le chat

                    le rouge du sang
              la piste noire si blanche -
                    la fille a blêmi

            deux fondeurs avancent
        les quatre yeux dans la rivière -
              un cul dans la neige !

un petit arrêt
un rond jaune dans la neige -
elle glisse au loin

la poupée hier
sans combinaison de ski -
quarante de fièvre

                              ils sortent à peine
                     et déjà sans skis ils glissent -
                             plaque de verglas

                                                un nouveau fondeur
                                       un fondement douloureux -
                                                fondue savoyarde

les lucioles glissent
sur les flancs du Mont de Granges -
descente aux flambeaux

un peu trop d'alcool ?
premier janvier sur les skis
pour première chute

ici sous mes skis
la semence des rivières -
la neige fond vite

zigzags de fourmis
sur le blanc de la montagne -
sapins immobiles

                              les montagnes bien
                    plus blanches que les nuages -
                        trois craves se posent

                                                l'enfant trop content
                                  piou piou petite médaille -
                                    bien mieux qu'aux J. O.

La campagne en été

vert à l'infini
pour un seul coquelicot -
victoire du rouge

abords d'autoroute
troupeaux de bottes de foin -
une seule vache !

balade d'été -
l'enfant voit le château mais
contemple les vaches

un vent de folie
le pissenlit perd la tête -
la chèvre impassible

l'été se finit
les dernières prunes tombent -
la lune revient

sous notre pommier -
aveuglé par le soleil
tombé sur ma tête

vacances d'été -
une vache fait du stop
le long de la route

une des plus laides
de toutes les fleurs du pré -
je n'ai cueilli qu'elle

Vengeance des fruits
Une méchante glissade -
Dur tapis de prune

ah quelle chaleur !
même le petit ruisseau
fuit la sécheresse

coq sur le fumier
et champignons dans la bouse -
moins seul en juillet

à trop regarder
les ondulations du champs -
mal de terre en août

entre Matinière
et Monsieur de Port l'écluse -
si loin de l'estran

chant du rouge-gorge ?
seule la pie se fait voir
pour la saint-Thomas

couleuvre inconsciente
coup de fusil hors-la-loi -
du sang dans la mare

repas dans un champ -
cumulus dans nos assiettes
purée dans le ciel

au milieu du pré
une machine à laver
en pause estivale

lire début août
les rafales dans le pré -
e-book mieux qu'un livre

La mer en hiver

le garçon demande
on peut aller se baigner ?
il fait trois degrés

cette mer que j'aime
me dédaigne froidement
ce début d'hiver

la plage de sable
nous y allumons un feu -
la lune d'hiver

                              océan glacé
                un pied dans l'eau pour un brave -
                          le vaillant arc-en-ciel

            là dans un recoin
         abandonnée dans le froid
             une tong hiverne

la mer a mangé
la neige de cette plage
sans toucher au sable

une envie subite -
dans la neige et dans la mer
il court les pieds nus

                    ne pensant à rien
            près de l'océan je marche
               vers le mois de mars

                              hiver sur la mer
                     les vagues comme l'été -
                          désert sur le sable

           presque seuls enfin
      sans touriste et sans moustique -
               notre bord de mer

         cette écume blanche
          pour la fille refroidie
         ressemble à la neige

un flocon de neige
virevolte vers mon œil -
mieux qu'un grain de sable

la plage glacée
un chant d'oiseau exotique ?
le portable sonne

sortir le bateau
la coque sans coquillage !
humains suicidaires

froid sur l'océan
douleur à l'oreille droite -
la gauche le sait-elle ?

question de l'enfant
les crabes ont des manteaux ?
Il faut réfléchir

moins quatre degrés
les pieds froids surtout le gauche -
la vague blagueuse

rafales glaciales
je ne suis pas un pollueur !
mon kleenex dans l'eau

La montagne en été

août sur le glacier
mon abricot a déteint -
fruit du crépuscule

couchant estival -
plaisirs de yeux des oreilles
concerts à la Meije

deux chamois nous scrutent -
quelques coquillages trouvés
près du lac alpin

bien moins fatigué
par la marche dans les Vosges
que par ce haïku !

le col de L'Épine
écrire sur Wikipédia
et s'y balader

montagnes montagnes
si vallonnées puis un lac -
platitude enfin

longue randonnée
trop fatigué pour siffler -
où sont les marmottes ?

avec son chapeau
choix vestimentaire à vie
il court sur les pentes

mon pauvre glacier
tu as encore rétréci -
humains destructeurs

petit papillon
nous allons plus haut que toi -
là vers le sommet

montagne malade
elle vomit des stratus
qui font fuir juillet

avec l'être aimé
voir un sabot de Vénus -
embrasser son mont

bien trop fatigué
deux pieds dans un lac alpin -
c'est tout pour ce jour

étrange remarque -
les grenouilles montagnardes
sautent bien plus haut

oh jolie cascade
ami chocard à bec jaune
mais tu n'auras rien

robe de mariée -
mauvais troc du lagopède
contre cette bure

        même cet été
    il a glissé sur les pentes -
        vers un hôpital

            voir quelques isards
      loin très loin si loin trop loin -
              Un besoin vital

La campagne en hiver

d'étranges volcans
neige et sommets noirs fumants -
des tas de fumier ?

sous le brouillard dense
peut-être y a-t-il encore
ma belle campagne

fringale du soir -
les ballots sous la neige forment
de gros petits suisses

halo de la lune
ou bien une vache sainte -
Noël avant l'heure

les derniers flocons -
il est plus beau sans lunettes
l'orme du voisin

journée de la femme -
refuser de soutenir
l'homme dans le vrai

chien venant de Mars ?
trois petites crottes et
de la neige verte

bruit de l'océan
n'est plus l'hiver dans la Beauce -
non enregistrable

guirlandes de fêtes
lumières de stalactites -
merci lampadaire

femme refroidie
un autre soir d'abstinence -
manger une glace

les mêmes chevaux
mais perdus dans la blancheur -
les mêmes effluves ?

juste un peu plus chaud
le ciel et la neige fondent
derrière les vitres

soleil de l'aurore -
les quelques flocons nocturnes
Déjà oubliés

écrire sous l'arbre -
ma page pourtant plus blanche
que ce tas de neige

le soleil couchant
ce plat pays enneigé -
œuf au plat géant

sur le merisier
la neige imite les fleurs -
plus blanc qu'au printemps

déjà occupé
mon banc dans le petit parc -
ah neige égoïste !

les volets fermés -
notre maison de campagne
en hibernation

La mer en été

piqûres d'été
comme mille fous moustiques -
fort vent sur la dune

la petite pluie
fait s'éclipser ces personnes
venues se mouiller

bientôt fin juillet -
quelques méduses aussi
ont pris des vacances

une envie pressante
le chien voit un homme assis -
ni poteau ni arbre

fraîchement lavée
le parfum de mon aimée
« Senteur d'océan »

alibi du père
les enfants aiment bien ça -
trois châteaux de sable

ils se débarrassent
du sable fin de la plage
dans le T. E. R.

la marée montante
a grignoté les serviettes
mais laissé les algues

la plage fin août -
seul un adulte ramasse
quelques coquillages

le ciel est plus bleu
au-dessus de nos enfants -
leur jeu dans les vagues

son château de sable
un monstre l'a dévasté -
Maudit dragon-mouette

flux reflux et flux
en mer démontée montante -
éclairs clairsemés

a-t-il aperçu
la limite de baignade
le poisson de mer ?

                                                                               une odeur un bruit
                                      glissent entre les orteils -
                                                  vase du bassin

                                                                                              j'ai salé la mer
                                                              crie l'enfant à ses parents -
                                                                    le zizi à l'air

              pêcheur laisse-nous
       notre compagnon de nage -
                    piscine océan

          le chien partageur
     nous donne un peu d'océan -
          ébrouement sacré

étrilles crevettes -
plouf mieux dans l'océan que
dans mon estomac

Pour plus d'informations sur le travail de l'auteur, consulter :

wwwoliviergabrielhumbertcom

ISBN : 9782322035663
Dépôt légal mars 2014
Nouvelle édition : février 2021

Édition : BoD – Books on Demand,
12/14 rond-point des Champs-Élysées,
75008 Paris

Impression : BoD - Books on Demand,
Norderstedt, Allemagne